LE COPING,
VOTRE ALLIÉ CONTRE LE STRESS

— Une méthode pour apprendre
à réduire la pression

par Benjamin Fléron

50MINUTES

LE COPING, VOTRE ALLIÉ CONTRE LE STRESS

- **Problématique ?** Comment la théorie du coping peut-elle m'aider à vaincre le stress au travail ?
- **Utilité ?** Le coping propose une approche innovante du stress qui permet de dégager des types de réponses efficaces contre l'anxiété et donc de retrouver la pleine possession de ses moyens pour travailler plus efficacement.
- **Contexte professionnel ?** Psychologie du travail, ressources humaines, management d'équipe.
- **FAQ ?**
  - Par où commencer pour mettre en place une stratégie personnelle de coping ?
  - Quelle est la meilleure manière d'évacuer son stress ?
  - Comment savoir quel est mon style préférentiel de coping ?
  - Quelles sont les habitudes nocives à fuir ?
  - Est-il possible de mener une vie sans stress grâce au coping ?

Ce n'est un secret pour personne, les sources de stress au travail sont nombreuses. Employeurs ou employés, cadres ou ouvriers, indépendants ou salariés, à chacun son lot d'inquiétudes : réductions budgétaires, restructurations et concurrence féroce, mais aussi présentations à assurer, délais serrés à respecter, dossiers complexes à traiter, etc. Autant de sources d'angoisse susceptibles de nuire à votre productivité. Et si la théorie du coping vous aidait à y faire face ?

C'est au psychologue américain Richard S. Lazarus (1922-2002) que l'on doit l'apparition du concept de coping. Hérité de l'anglais *to cope with*, que l'on pourrait traduire en français par « faire face à », le coping désigne l'ensemble des mécanismes et stratégies que l'on déploie pour affronter les situations de stress et en maîtriser – ou du moins en réduire – les effets sur notre personne.

Selon cette théorie, nous ne sommes pas passifs face aux événements stressants auxquels nous sommes régulièrement confrontés, mais réagissons plutôt pour y faire face et tentons de ce fait de reprendre le contrôle de la situation en y répondant à notre manière. Pensez à ces profondes inspirations que vous prenez peut-être avant de prendre la parole en public, à cette manie que vous avez de dédramatiser en vous répétant inlassablement que ce n'est qu'un mauvais moment à passer lorsque vous devez annoncer une mauvaise nouvelle à votre patron, ou encore à ces sachets de bonbons ou aux paquets de cigarettes qui se vident à vue d'œil à l'approche d'une date butoir redoutée. Ce ne sont là que quelques-unes des stratégies de coping les plus courantes.

Mais vous êtes-vous déjà demandé si les vôtres étaient réellement efficaces ? Êtes-vous certain de gérer les situations stressantes qui se présentent à vous de la meilleure façon ? Pensez-vous réussir à en tirer profit pour améliorer votre productivité plutôt que de les laisser y mettre un frein ? Les recherches menées sur le coping peuvent vous aider à y voir plus clair et à modifier votre perception du stress en vous donnant les armes pour l'affronter efficacement, voire – qui sait – en faire un précieux allié.

LE B.A.-BA DU COPING ANTI-STRESS

QU'EST-CE QUE LE STRESS ?

Pour combattre le stress efficacement, il est capital d'en avoir une juste conception. Si les théoriciens du stress en ont donné plus d'une définition au fil des années, l'associant parfois à l'événement déclencheur, parfois à la réaction initiée chez la personne qui y fait face, Lazarus est le premier à l'avoir envisagé comme le fruit de la relation entre ces deux données. Ainsi aujourd'hui, on parle de stress lorsqu'un individu considère que les exigences d'une situation à laquelle il se trouve confronté excèdent ses capacités, créant ainsi un déséquilibre entre ce qui est attendu de lui et ce dont il se pense capable. Le stress ne réside donc pas plus dans la situation que dans l'individu qui y répond, mais bien dans l'interprétation qu'en fait ce dernier. C'est ainsi que deux personnes différentes ne réagiront pas nécessairement de la même manière à un événement analogue.

- Donnez de nouvelles responsabilités à l'une et elle accueillera la nouvelle avec joie, y voyant une marque de confiance et le signe indubitable d'une évolution professionnelle. Assignez-les plutôt à l'autre et vous la verrez au contraire se liquéfier, effrayée à l'idée de ne pas être à la hauteur de la tâche.
- Renvoyée pour cause de restructuration, l'une s'efforcera de prendre ce coup du sort comme un nouveau défi et une occasion de faire le point sur sa vie ; l'autre s'imaginera à tort pleinement responsable de ses malheurs, perdra toute confiance en elle et aura toutes les peines du monde à s'en relever.

En outre, ces mêmes personnes ne réagiront pas non plus forcément de la même manière à ce type d'événements tout au long de leur carrière. Ainsi, un employé expérimenté accueillera sans doute de nouvelles obligations plus sereinement qu'à l'époque où il commençait son parcours professionnel. En revanche, il pourra éprouver plus de difficultés à digérer un licenciement qu'à ses débuts dans le monde du travail, lorsque personne ne dépendait de ses revenus.

SITUATION STRESSANTE : UNE QUESTION DE PERCEPTION

Mais s'il n'existe pas de situations fondamentalement stressantes, pourquoi alors certains événements nous mettent-ils dans tous nos états là où d'autres semblent glisser sur nous et ne pas nous atteindre ? Puisque c'est dans la relation entre la personne et son environnement que prend forme et se développe le stress, c'est forcément entre les deux que se trouve la réponse à notre question.

Si l'on en croit Lazarus et les adeptes de la théorie du coping, nous intercalons entre nous et toute situation que nous rencontrons une série de filtres qui en influencent directement notre perception. Ce sont eux qui déclenchent ou non une réaction de stress et, le cas échéant, en amplifient ou en minimisent l'impact négatif sur notre organisme, accentuant ou diminuant le sentiment d'inconfort que nous ressentons à l'égard de la situation. Ces différents filtres, véritables médiateurs du rapport que nous entretenons avec notre milieu et le contexte dans lequel nous évoluons, sont aussi nombreux que variés. S'il est impossible de les lister tous, quelques-uns, plus prégnants, sortent toutefois du lot et sont faciles à mettre au jour.

L'expérience de la situation

A-t-on déjà été confronté par le passé à ce type d'événement ? Si oui, sommes-nous parvenu à surmonter cette épreuve sans heurts ou au contraire en avons-nous gardé un mauvais souvenir ?

Si vous avez l'habitude de prendre la parole en public, vous éprouverez à coup sûr moins de difficultés à assurer une présentation délicate qu'un autre n'en ayant jamais fait l'expérience. Dans le même ordre d'idée, si vous avez déjà eu des délais serrés à respecter et que vous vous en êtes tiré avec les honneurs, vous ressentirez également moins de pression lorsqu'une situation similaire se représentera à vous que si vous vous faites régulièrement réprimander pour n'avoir jamais réussi à les tenir à temps.

La personnalité

Les individus de nature perfectionniste et pointilleuse seront plus vite sujets au stress que les personnes détendues et décontractées, de la même manière que les travailleurs animés d'un esprit de compétition seront plus sensibles à la pression du résultat que les dilettantes qui n'y attachent que peu d'importance. Il est des traits de caractère qui prédisposent au stress et à l'anxiété et d'autres qui en prémunissent.

Les croyances et l'estime personnelle

Peut-être avez-vous tendance à blâmer le destin pour les épreuves que vous traversez, mettant les mauvaises nouvelles et les coups du sort sur le compte de la fatalité ? Peut-être croyez-vous davantage en vous-même et en votre capacité à faire face quelles que soient les difficultés ? Ou à l'inverse manquez-vous d'assurance et de confiance en vous, au point de perdre tous vos moyens aussitôt sorti de votre zone de confort ?

Vos croyances et votre estime personnelle conditionnent immanquablement l'appréciation que vous faites d'une situation. Il est
ainsi évident que vous ressentirez moins les effets du stress si vous
êtes persuadé de pouvoir vous débrouiller dans tous les types de
situations que si vous n'avez pas confiance en vos propres capacités.

L'entourage

Le soutien moral et inconditionnel d'une famille aimante, la capacité d'écoute d'amis dévoués, l'aide pratique de collègues serviables
et la reconnaissance d'un patron qui vous valorise (ou d'employés
qui vous admirent et vous respectent) seront autant d'atouts dans
votre jeu pour faire face aux difficultés avec sérénité. À l'inverse,
une famille désunie, des amitiés toxiques, des collègues jaloux et
un supérieur qui vous méprise au point d'ignorer votre prénom
seront autant de facilitateurs de stress.

L'hygiène de vie

Une alimentation saine et variée, de bonnes habitudes de sommeil
et une activité physique régulière permettent de se sentir bien dans
sa peau et de se mettre automatiquement dans des dispositions
favorables pour affronter les tracas du quotidien.

Les mécanismes conscients

D'aucuns luttent consciemment contre le stress et l'anxiété par
le biais de méthodes et mécanismes expressément employés en
ce sens. Ainsi, la pratique d'un sport, les séances de yoga ou de
relaxation, les pauses cigarettes régulières, le verre au café du coin
pour décompresser après une journée éprouvante ou encore les
séances mensuelles chez un psychologue sont des moyens très
efficaces pour renforcer sa capacité à gérer l'anxiété.

Ces différents filtres, agissant comme autant d'intermédiaires entre nous et notre environnement, régissent et régulent notre rapport au monde, mais ne remplissent pas tous le même rôle.

- Évaluation : par le biais de critères tels que notre expérience personnelle et notre confiance en nos aptitudes, nous évaluons la situation qui se présente à nous et en apprécions son potentiel de dangerosité en fonction de nos ressources. Ainsi, cet événement auquel nous faisons face nous fait-il courir un risque, compte tenu de nos capacités ? La situation qui se présente à nous doit-elle nous inquiéter ? Si oui, à quel point ?
- Coping : une fois cette évaluation réalisée, d'autres filtres tels que les mécanismes conscients et l'hygiène de vie entrent en jeu, assumant quant à eux une fonction de coping, dont le but est de réduire autant que possible les effets du stress généré par la situation, allant si possible jusqu'à en éliminer les traces.

LES STRATÉGIES DE COPING

S'il y a bien des façons de combattre le stress et d'en réduire les effets, Lazarus et les théoriciens du coping sont parvenus au fil de leurs recherches à classer ces différentes méthodes et stratégies en deux catégories distinctes, traduisant deux manières diamétralement opposées d'aborder et de répondre aux situations génératrices de stress :

- les stratégies centrées sur le problème (ou stratégies de confrontation). Face à une situation qui leur échappe, les partisans des stratégies de confrontation focalisent leur attention sur le problème et cherchent à en prendre le contrôle en s'y attaquant de front, que ce soit en réunissant un maximum d'informations sur le sujet ou en établissant un plan d'action destiné à leur permettre de retrouver la maîtrise des événements. Le coping centré sur le problème cherche à éliminer le problème à sa source en s'attaquant directement aux causes du stress ;

- les stratégies centrées sur l'émotion (ou stratégies d'évitement). Les personnes adeptes des stratégies d'évitement, en revanche, se concentrent davantage sur elles-mêmes et leurs émotions, détournant le regard du problème pour mieux en réduire l'impact émotionnel. Loin de s'attaquer à la situation problématique elle-même, le coping centré sur l'émotion s'attache davantage à en réduire les conséquences sur la personne.

Quelles que soient les méthodes et stratégies de coping que vous privilégiez, elles correspondent à coup sûr à l'une de ces deux catégories.

Dans une situation qui vous rend anxieux, peut-être êtes-vous du genre à attaquer le problème de front. Nerveux à l'idée de prendre la parole en public, vous passez les semaines précédant votre intervention à lire un grand nombre de livres sur le sujet et à vous informer sur les trucs et astuces des plus grands orateurs. Stressé à l'idée de ne pas terminer un travail dans les délais, vous prenez le problème à bras-le-corps et ne comptez pas vos heures, refusant de prendre un instant de répit. Fâché sur un collègue ou un subordonné, vous provoquez une discussion pour mettre les choses à plat et exprimer vos griefs.

Peut-être, au contraire, êtes-vous plus enclin à chercher l'apaisement ailleurs, préférant penser à tout sauf au problème. Blessé par les critiques incessantes de votre supérieur, vous relâchez la pression en suant à grosses gouttes à la salle de sport. Anxieux à quelques minutes d'une présentation cruciale, vous essayez de vous détendre en pensant à autre chose ou en fumant une dernière cigarette. En position délicate au sein de votre entreprise, vous vous en remettez au destin, arguant que rien n'arrive par hasard et que, quoi qu'il advienne, « à quelque chose malheur est bon ».

Enfin, il est également possible que vous combiniez plusieurs de ces stratégies, brûlant toxines et calories sans compter avant de revenir, l'esprit clair et apaisé, vous attaquer au problème.

L'EFFICACITÉ ET LES LIMITES DE LA THÉORIE

Un coping adapté

Fondamentalement, les stratégies de coping centrées sur le problème ne sont pas plus efficaces que les méthodes se concentrant sur l'émotion et inversement, tout comme il n'est pas de réponse miracle qui fonctionnerait en toutes circonstances. Une stratégie est efficace si elle atteint son but, à savoir diminuer l'anxiété et supprimer autant que possible le sentiment d'inconfort et l'impression de déséquilibre ressentis vis-à-vis d'une situation donnée. Néanmoins, certaines formes de coping se révèlent plus ou moins intéressantes à mettre en œuvre selon le type de situations rencontrées.

- Ainsi, face à un événement incontrôlable sur lequel nous n'avons pas prise et contre lequel on ne peut lutter, une stratégie « passive » d'évitement obtiendra généralement de meilleurs résultats. Un travailleur en instance de licenciement, par exemple, digèrera plus facilement la pilule en se résignant à l'inéluctable plutôt qu'en cherchant à lutter en vain. Lorsqu'il est impossible de résoudre le problème à la source, il est préférable de s'attacher à en réduire au maximum ses conséquences en s'y adaptant du mieux qu'on peut.
- En revanche, une stratégie « active » résolument tournée vers le problème sera dans la plupart des cas plus efficace s'il est possible de ramener la situation sous contrôle, moyennant quelques efforts. Un jeune indépendant inquiet à l'idée de lancer sa première PME réduira ainsi fortement son angoisse en s'informant de manière proactive sur les risques de pareille entreprise et en établissant un plan d'action destiné à lui garantir le succès.

En suivant simplement cette règle de base, s'attachant à choisir le bon type de stratégie en fonction de la contrôlabilité de l'événement préoccupant, il devient possible d'éviter un grand nombre d'écueils courants du monde de l'entreprise et de supprimer une bonne partie des mauvaises habitudes que nous entretenons alors qu'elles nuisent à notre bien-être et à notre productivité.

Les mauvaises habitudes génératrices de stress

Bien utilisé, le concept de coping peut vous aider à vous débarrasser de ces fâcheuses tendances contre-productives.

- La procrastination. Il est tentant de remettre au lendemain la réalisation d'une tâche pénible et contraignante, mais repousser le moment où il faudra y faire face ne vous accordera rien de plus qu'un répit qu'il vous faudra rembourser avec les intérêts. Dossiers qui s'empilent, retards à rattraper, nuits blanches, etc. ; autant de soucis et de stress inutiles que vous pourriez vous épargner en évitant de laisser traîner les choses. Rappelez-vous : lorsqu'il est possible d'agir sur la situation, affronter franche-ment le problème sera généralement plus efficace que passer son temps à l'éviter ;
- Le perfectionnisme. Gardez toujours à l'esprit ces deux principes immuables : il est impossible de contenter tout le monde ; la per-fection n'existe pas. Ce qui est parfait pour vous ne l'est pas forcément aux yeux de votre patron, de vos clients ou de vos employés, et inversement. Soyez exigeant, envers vous-même et envers les autres, mais veillez à ne pas avoir d'attentes déme-surées, auquel cas vous risqueriez de développer un sentiment de frustration. L'impact que vous avez sur ce que pense autrui sera toujours limité. Si vous faites de votre mieux et que cela ne suffit pas, cherchez un moyen de diminuer les conséquences de la situation sur votre état d'esprit en adoptant une stratégie

d'évitement (faites du sport, détendez-vous, relativisez, etc.) plutôt que de perdre votre temps à rechercher l'approbation des autres ;

- Le besoin de tout contrôler. Certaines situations échappent à votre emprise et vous n'y pouvez rien. Une concurrence féroce due à l'ouverture des marchés, un licenciement pour motif économique, un collègue résolument jaloux, un chef de service foncièrement désagréable, etc. Il serait bien illusoire de chercher à s'attaquer à la source du problème en pareilles circonstances, mieux vaut donc vous concentrer sur vos émotions ;

- La peur de dire non. Vos journées ne sont pas extensibles : si vous êtes déjà surchargé de travail, n'allez pas en rajouter une couche de peur de passer pour un fainéant, un incapable ou un collègue antipathique. Si l'on cherche à vous confier une tâche qui n'entre pas dans vos attributions, soyez ferme et faites-en la remarque. Non qualifié, pressé par le temps, vous auriez le sentiment de ne pas être à la hauteur et pourriez également nourrir du ressentiment envers celui qui vous a mis dans cette situation inconfortable ainsi qu'envers vous-même pour ne pas avoir su dire non. Puisque la décision vous appartient, ne cherchez pas la solution dans la fuite : attaquez-vous au problème de front de manière à en éliminer le stress potentiel à la source ;

- L'oubli du relationnel. Quelle que soit votre position au sein de l'entreprise, un climat de travail délétère et des relations pro-fessionnelles conflictuelles conduiront immanquablement à une perte de motivation collective et à une baisse générale de productivité. À l'inverse, une bonne cohésion entre collègues et de bonnes relations entre supérieurs et subordonnés garanti-ront à l'ensemble des travailleurs une meilleure résistance aux sources de stress inhérentes au monde de l'entreprise. Si vous sentez que l'ambiance n'est pas au beau fixe, provoquez une dis-cussion de manière à mettre les choses à plat et à repartir sur des bases saines ;

- La peur de demander de l'aide. Certaines tempêtes sont particulièrement difficiles à essuyer, et rien ne vous oblige à les affronter seul. Il n'y a pas de honte à chercher du soutien auprès de proches, de collègues ou même de professionnels susceptibles de vous aider à surmonter ces épreuves. Il n'est jamais bon de se renfermer sur soi-même et de rester seul avec ses doutes, et le simple fait de vider votre sac vous soulagera déjà d'un poids. Que vous ayez tenté une stratégie d'affrontement sans succès, vous laissant désemparé, ou que vous vous réfugiiez dans une stratégie d'évitement dans le but de vous préserver, il est temps de changer de tactique. Aller voir une personne de confiance, c'est travailler à la fois sur l'impact émotionnel de la situation et sur les sources du problème ;

- Le travail non-stop. S'il n'est pas bon de succomber à la procrastination, il ne l'est pas plus de ne jamais s'accorder de moments de détente. Prenez du temps pour vous, car il est nécessaire de débrancher régulièrement la prise pour recharger ses batteries et éviter la surchauffe. Faites du sport, lisez, sortez. Bref, changez-vous les idées ;

- Les addictions. Alcool, nicotine, caféine, anxiolytiques, etc., sont autant de substances susceptibles d'entraîner une dépendance si l'on n'y prend pas garde. À petites doses, elles peuvent certes vous aider à vous détendre, mais elles peuvent rapidement devenir contre-productives et causer énormément de dégâts. Gardez à l'esprit qu'il faut de la modération en toutes choses. Si les stratégies d'évitement ne sont pas mauvaises en soi, la fuite, elle, n'a jamais résolu aucun problème.

Quand le stress se fait inévitable

Si la théorie du coping s'avère particulièrement efficace pour analyser et donc gérer au mieux les situations de stress et les moments de tension psychologique, il serait évidemment présomptueux et pour le moins irréaliste d'imaginer qu'il est possible de venir définitivement à bout du phénomène de stress au travail par son entremise.

Comme nous l'avons vu, la façon dont nous interprétons les événements qui se présentent à nous ainsi que notre résistance au stress dépendent de nombreux critères différents et ne reposent pas uniquement sur les différentes stratégies que nous mettons en place pour y faire face. S'il est tout à fait envisageable de pouvoir choisir en son âme et conscience un type de réponse à fournir à une situation donnée en fonction de ses caractéristiques, il est des variables sur lesquelles il est difficile – pour ne pas dire impossible dans certains cas – d'avoir une influence. Ainsi, notre personnalité, à travers les traits de caractère qui font notre identité, nous prédispose à une plus ou moins grande vulnérabilité au stress, nous rendant plus ou moins sensible aux situations susceptibles d'en générer, sans que l'on ne puisse rien y faire. De la même manière, on ne peut feindre l'expérience : difficile de réagir en vieux briscard à une situation que l'on n'a jamais connue, quels que soient les efforts fournis pour l'aborder en ce sens.

Il est important de ne pas perdre de vue que la théorie du coping, si elle nous donne les armes pour apprendre à maîtriser les effets du stress et à en réduire les nuisances, n'a pas pour vocation de nous débarrasser définitivement du phénomène, d'autant qu'il peut également s'avérer très utile dans certaines circonstances.

LE STRESS, MON ALLIÉ

De fait, s'il n'est plus à démontrer qu'en trop grande quantité, le stress peut avoir des conséquences désastreuses sur notre bien-être et notre santé, infligeant dégâts physiques (maladies cardiaques, hypertension, ulcères de l'estomac, problèmes de peau, pertes et prises de poids importantes, etc.) et psychologiques (fatigue mentale, accès de colère incontrôlés, sentiment d'inutilité ou de frustration, irritabilité, tendances à la dépression et à l'isolement, etc.), une juste dose de stress peut en revanche s'avérer bénéfique et améliorer nos performances au travail, pour autant que nous sachions en tirer parti.

Ainsi, l'augmentation d'adrénaline dans le sang et l'accélération du rythme cardiaque qui en résultent sont susceptibles d'améliorer brièvement nos capacités physiques et intellectuelles, fournissant au corps un surplus d'énergie bienvenu et au cerveau une acuité accrue, nous rendant momentanément plus efficace. De la même manière, le stress et les diverses manifestations qui en découlent peuvent faire office de formidables signaux de danger, indicateurs avant-coureurs que quelque chose de grave et pernicieux se trame dans l'ombre. Des muscles constamment sous tension, des migraines persistantes, des douleurs lancinantes, un comportement de plus en plus soupe au lait et une susceptibilité à fleur de peau, ou encore une consommation plus élevée d'alcool, de café ou même de chocolat sont autant de signes auxquels il convient de prêter attention si l'on souhaite éviter le syndrome du tristement célèbre burn out.

Si les effets dévastateurs du mauvais stress ne sont plus à prouver et qu'il importe de prendre les armes pour y faire face de la manière adéquate, il est tout aussi essentiel de ne pas oublier que le stress peut également se révéler utile, productif et stimulant, s'avérant souvent indispensable à la réussite des défis et challenges les plus éprouvants. Tout stress n'est donc pas mauvais, il faut juste apprendre à le gérer.

- Développez votre estime personnelle. Vous n'avez pas été engagé par hasard mais parce que l'on a estimé que vous aviez les capacités requises pour satisfaire aux exigences de votre fonction. Pourquoi donc en douteriez-vous ? Ayez confiance en vos capacités d'adaptation aux situations nouvelles, et servez-vous de vos expériences passées pour ce faire. N'y a-t-il pas eu une première fois à chacune des tâches que vous accomplissez aujourd'hui sans effort et presque sans y penser ?

- Dans le même ordre d'idée, apprenez à mettre les choses en perspective. N'oubliez jamais que ce qui vous rendait si nerveux hier encore n'a probablement plus aucune importance aujourd'hui. Il n'y a aucune raison pour que ce qui vous inquiète en ce moment ne connaisse pas le même sort prochainement. Inutile donc d'en faire une montagne : mettez les choses en perspective et relativisez ;

- Acceptez vos erreurs. Personne n'est parfait, et vos collègues comme votre supérieur commettent des bévues de temps en temps. Votre travail seul ne vous définit pas, et votre vie ne commence pas au seuil de votre entreprise. Vous êtes bien plus que cela, alors pourquoi des difficultés professionnelles passagères signifieraient-elles forcément que vous ne valez rien ? Prenez simplement vos responsabilités et cherchez une solution ;

- Soignez votre hygiène de vie. Avoir une alimentation saine et équilibrée, de bonnes habitudes de sommeil et une activité physique régulière ne vous prémunira certes pas contre le stress mais vous permettra d'affronter les impondérables de la vie de bureau dans les meilleures conditions. À l'inverse, avoir régulièrement recours aux excitants que sont la caféine, le tabac et l'alcool ne fera que vous fragiliser, vous rendant plus réceptif aux stimuli potentiellement stressants. Construisez-vous une armure ; ne creusez pas votre tombe.

- Prenez du temps pour vous et apprenez à vous déconnecter. Votre vie professionnelle est importante, il n'est pas question de remettre cela en cause, mais elle ne doit pas prendre le pas sur votre vie privée pour autant. S'il est acceptable que le bureau vous suive parfois jusqu'à votre domicile, a fortiori si vous y rencontrez quelques difficultés passagères ou lorsqu'une présentation importante se profile à l'horizon, il ne peut et ne doit pas vous préoccuper en permanence. Ayez une vie en dehors. Nettoyez votre esprit des tracas liés au travail en vous adonnant à une activité « soupape » régulière. Course à pied, séance de musculation, initiation au yoga, cours de cuisine, peinture, poterie, etc. Les possibilités sont variées et ne manquent pas.

- Trouvez une personne de confiance à qui parler. Qu'il s'agisse d'un parent, d'un ami, d'un collègue ou d'un spécialiste, il est essentiel de pouvoir compter sur l'écoute d'une oreille attentive à laquelle confier librement doutes et inquiétudes. Jouissant d'un recul que vous n'avez forcément pas sur la situation, cette personne de confiance vous aidera à relativiser vos tracas, et sera peut-être à même de vous fournir quelques pistes de réflexion auxquelles vous n'auriez pas pensé par vous-même. De plus, le simple fait de mettre des mots sur vos problèmes et de les exprimer à haute voix vous libérera d'un poids et vous fera un bien fou. Enfouir vos soucis et les taire n'est pas la solution, car accumuler toujours plus de tension ne pourra mener, à terme, qu'à l'implosion (dépression, burn out) ou à l'explosion (brusques accès de colère, agressivité irrationnelle incontrôlée).

FAQ

PAR OÙ COMMENCER POUR METTRE EN PLACE UNE STRATÉGIE DE COPING PERSONNELLE ?

Pour mettre en place une stratégie de coping personnelle et efficace, il importe avant tout de se poser les bonnes questions :

- Quels facteurs influencent ma relation au monde et la perception que j'ai de mon environnement et des événements qui jalonnent ma route ? Est-ce mon éducation, mon âge, mon sexe, mon amour-propre, mon hygiène de vie, mon cercle social ? Dans quelle mesure le stress que je ressens en découle-t-il et que puis-je y changer ?
- Quels mécanismes ai-je consciemment mis en branle pour lutter contre le stress et ses effets ? Dans quelle mesure et dans quelles circonstances ceux-ci sont-ils efficaces ? Puis-je en employer d'autres ? Si oui, lesquels ?
- Puis-je lutter à armes égales avec la situation qui me stresse de manière à en venir à bout ou ferais-je mieux de m'attacher à en réduire les conséquences sur mon bien-être et ma productivité par des moyens détournés ?

QUELLE EST LA MEILLEURE MANIÈRE D'ÉVACUER SON STRESS ?

Il n'existe malheureusement pas de méthode miracle qui permettrait de se débarrasser du stress une bonne fois pour toutes, tout comme il n'existe pas de stratégies de coping plus efficaces que d'autres, indépendamment du contexte et des caractéristiques de l'événement générateur de stress. Toutes les méthodes de coping sont potentiel-lement efficaces à condition qu'elles soient utilisées avec à-propos.

Ainsi, dans le cas d'une situation qui échappe à notre emprise, telle qu'un licenciement pour raisons économiques, il est conseillé de s'attacher à en réduire les conséquences par le biais d'une stratégie d'évitement centrée sur l'émotion. On privilégiera donc l'apaisement par la relaxation ou la pratique d'une activité physique par exemple.

Lorsqu'il est possible d'agir directement sur la situation problématique, en revanche, il est généralement plus intéressant d'essayer de résoudre le problème à la source, en s'attaquant directement aux causes. En cas de climat de travail néfaste par exemple, on provoquera une discussion pour mettre au jour les causes de la mauvaise ambiance générale, plutôt que de chercher à en réduire les impacts négatifs.

COMMENT SAVOIR QUEL EST MON STYLE PRÉFÉRENTIEL DE COPING ?

Réfléchissez simplement à vos propres habitudes. Comment réagissez-vous généralement en situation de stress ? Êtes-vous du genre à sans cesse repousser au lendemain le moment de regarder le problème en face, ou plutôt à vouloir tout contrôler pour vous rassurer ? Avez-vous pour habitude de boire un verre après le travail pour oublier les soucis relationnels que vous entretenez avec vos collègues ou préférez-vous consacrer votre énergie à réfléchir à la meilleure façon d'arranger les choses avec eux ?

Il est cependant possible que vous n'ayez pas de style préférentiel à proprement parler. Ainsi, il se peut que vous utilisiez dans certaines circonstances des stratégies centrées sur le problème, tandis que dans d'autres, vous préfériez employer des stratégies centrées sur l'émotion, en fonction de vos expériences passées.

QUELLES SONT LES HABITUDES NOCIVES À FUIR ?

Les stratégies d'évitement ne sont pas nuisibles, loin de là : il est très important d'apprendre à maîtriser les effets de l'anxiété sur notre organisme et notre psychologie. Mais il est encore plus primordial de ne pas en faire des stratégies de fuite.

Un verre d'alcool pour se détendre après une journée harassante ou une cigarette pour calmer ses nerfs avant une réunion importante ne sont pas de mauvaises habitudes en soi, mais il importe avec pareilles substances de veiller à ne pas tomber dans l'excès menant à la dépendance. Cela aurait pour seules conséquences d'ajouter à votre stress tout en causant des dommages irréversibles à votre santé physique et psychologique. S'attaquer aux sources du stress à un moment ou à un autre reste généralement indispensable.

EST-IL POSSIBLE DE MENER UNE VIE SANS STRESS GRÂCE AU COPING ?

Une vie entièrement délivrée du stress est impossible, avec ou sans coping. Cette technique nous donne les armes pour y répondre efficacement, nous aide à en réduire les impacts négatifs sur notre organisme et nous permet parfois d'en éliminer les causes, mais elle ne parviendra jamais à nous en débarrasser complètement, des variables indépendantes de notre volonté telles que notre personnalité et notre expérience ayant également un impact sur notre degré de résistance au stress.

Une telle délivrance ne serait de toute façon pas souhaitable, le stress pouvant se révéler utile, notamment lorsqu'il nous apporte le surcroît d'énergie nécessaire à l'accomplissement de certaines tâches, ou encore comme signe d'alarme en attirant notre attention sur d'éventuels problèmes plus graves tapis dans l'ombre (dépression, burn out, etc.).

À VOUS DE JOUER !

Il n'existe pas de méthode magique, qui serait applicable à toutes les situations et qui fonctionnerait à tous les coups. Maîtriser son stress n'est pas toujours facile, ni même faisable. Pour autant et ainsi que nous l'avons vu, il est souvent possible de s'y soustraire, tandis qu'il est toujours possible d'envisager avec plus de sérénité les situations auxquelles nous ne pouvons échapper. Pour ce faire, il suffit simplement de disposer de la bonne feuille de route, du bon plan d'attaque. Et ce plan, c'est à vous de l'établir !

Rassurez-vous, cela n'a rien de bien savant. Servez-vous simplement de ce que vous venez d'apprendre. En appliquant à chaque situation stressante une grille de lecture destinée à mettre au jour les raisons de ce ressenti, les différentes possibilités de réponses recommandées se dégageront d'elles-mêmes.

Plan d'attaque

Situation stressante	Raison(s) du stress	Coping centré sur le problème	Coping centré sur les émotions
1re présentation devant mon supérieur	• Manque d'expérience	• Demander conseil à quelqu'un de plus expérimenté • M'informer • M'entraîner	• Me remémorer mes autres « premières fois » qui se sont bien passées
Rédaction d'un gros dossier	• Peur du jugement de mon supérieur sur mon travail, car je suis perfection-niste	• Me donner un temps limite pour exécuter cette tâche et m'y tenir	• Relativiser
Restructuration au sein de l'entreprise	• Situation qui échappe totalement à mon contrôle	• Demander une évaluation à mon supérieur et travailler mes points d'attention • Rechercher un autre emploi sans attendre	• Faire du sport • En parler à un proche

N'oubliez pas que tout le monde est différent et que, s'il existe certaines vérités quasi immuables, ce qui marche pour vous n'est pas forcément ce qui fonctionne pour votre voisin et inversement. Aussi, n'hésitez pas à relever quelles stratégies se sont révélées particulièrement efficaces en ce qui vous concerne et dans quelles circonstances, et quelles méthodes n'ont pas eu les effets escomptés. Vous seul pouvez déterminer avec précision le plan de route le plus adapté.

POUR ALLER PLUS LOIN

SOURCES BIBLIOGRAPHIQUES

- BRUCHON-SCHWEITZER (Marilou), « Le coping et les stratégies d'ajustement face au stress », in *Recherche en soins infirmiers*, n° 67, Toulouse, A.R.S.I., 2001, p. 68-83.
- BRUN (Jean-Pierre) et MARTEL (Josée), *La santé psychologique au travail. De la définition du problème aux solutions*, Genève, Chaire en gestion de la santé et de la sécurité du travail dans les organisations de l'Université Laval, 2003.
- BUREAU INTERNATIONAL DU TRAVAIL, « Chapitre 5 : Le stress dans le monde du travail », in *Le travail dans le monde*, Genève, 1993.
- DURAND UBERTI (Marie-Laure), « Travail : la bonne méthode pour gérer son stress », in *Psychologie.com*, consulté le 2 novembre 2014. http://www.psychologies.com/Travail/Souffrance-au-travail/Stress-au-travail/Articles-et-Dossiers/Travail-la-bonne-methode-pour-gerer-son-stress
- FONTANA (David), *Gérer le stress*, Bruxelles, Mardaga, 1990.
- HAZANOV-BOSKOVITZ (Ofra), *Étude du coping des adolescents dans un contexte expérimental*, thèse de doctorat en psychologie, Genève, Université de Genève, 2003.
- NOGUES-LEDRU (Marie-Pierre), « 10 pistes pour retrouver confiance en soi au travail », in *L'express.fr*, consulté le 1er novembre 2014. http://www.lexpress.fr/emploi/gestion-carriere/10-pistes-pour-retrouver-confiance-en-soi-au-travail_1320649.html
- PAULHAN (Isabelle), « Le concept de coping », in *L'Année Psychologique*, vol. 92, Paris, NecPlus, 1992, p. 545-557.
- PIQUEMAL-VIEU (Laurencine), « Le coping une ressource à identifier dans le soin infirmier », in *Recherche en soins infirmiers*, n° 67, Toulouse, A.R.S.I., 2001, p. 84-97.

www.50minutes.com

Éditeur responsable : Lemaitre Publishing
Rue Lemaitre 6 | BE-5000 Namur
info@lemaitre-editions.com

ISBN ebook : 978-2-8062-6229-5
ISBN papier : 978-2-8062-6376-6
Dépôt légal : D/2015/12603/156
Photo de couverture : © bonninturina - Fotolia.com

Conception numérique : Primento,
le partenaire numérique des éditeurs

Made in the USA
Monee, IL
07 July 2026

56544698R00017